A família conectada

Claudianeide Guerra

Ilustrações: Layza Guerra

A FAMILÍA CONECTADA

AUTORA:
CLAUDIANEIDE GUERRA

ILUSTRAÇÕES:
LAYZA GUERRA

EDIÇÃO : I

IDIOMA:
PORTUGUÊS (BRASIL)

Local: Rio Grande do Norte - Brasil
Ano: 2023

Dedico este livro a todas as famílias que estão constantemente tentando equilibrar o mundo real com o mundo virtual.

A família conectada

Este livro pertence a:

ERA UMA VEZ UMA FAMÍLIA CONECTADA
ONDE QUASE TODOS VIVIAM ONLINE.
ESSA FAMÍLIA ERA COMPOSTA POR SEIS PESSOAS
SÓ UMA DELAS GOSTAVA DE FICAR OFFLINE.

NESTA FAMÍLIA TINHA UMA TIA
QUE ADORAVA AS REDES SOCIAIS
PASSAVA QUASE TODO O DIA
LIGADA NA INTERNET OLHANDO OS CANAIS.

NESTA FAMÍLIA TINHA UM ADOLESCENTE
QUE NAVEGAVA NA INTERNET TODA A NOITE.
JOGAR FREE FIRE COM OS AMIGOS DEIXAVA ELE CONTENTE,
DEPOIS DO JOGO IA CONVERSAR COM A NAMORADA JANETE.

NESTA FAMÍLIA TINHA UMA AVÓ
QUE EM MEIO A TANTA GENTE
SENTIA – SE EXTREMAMENTE SÓ
VIVER SÓ NA NET NÃO TEM CRISTÃO QUE AGUENTE.

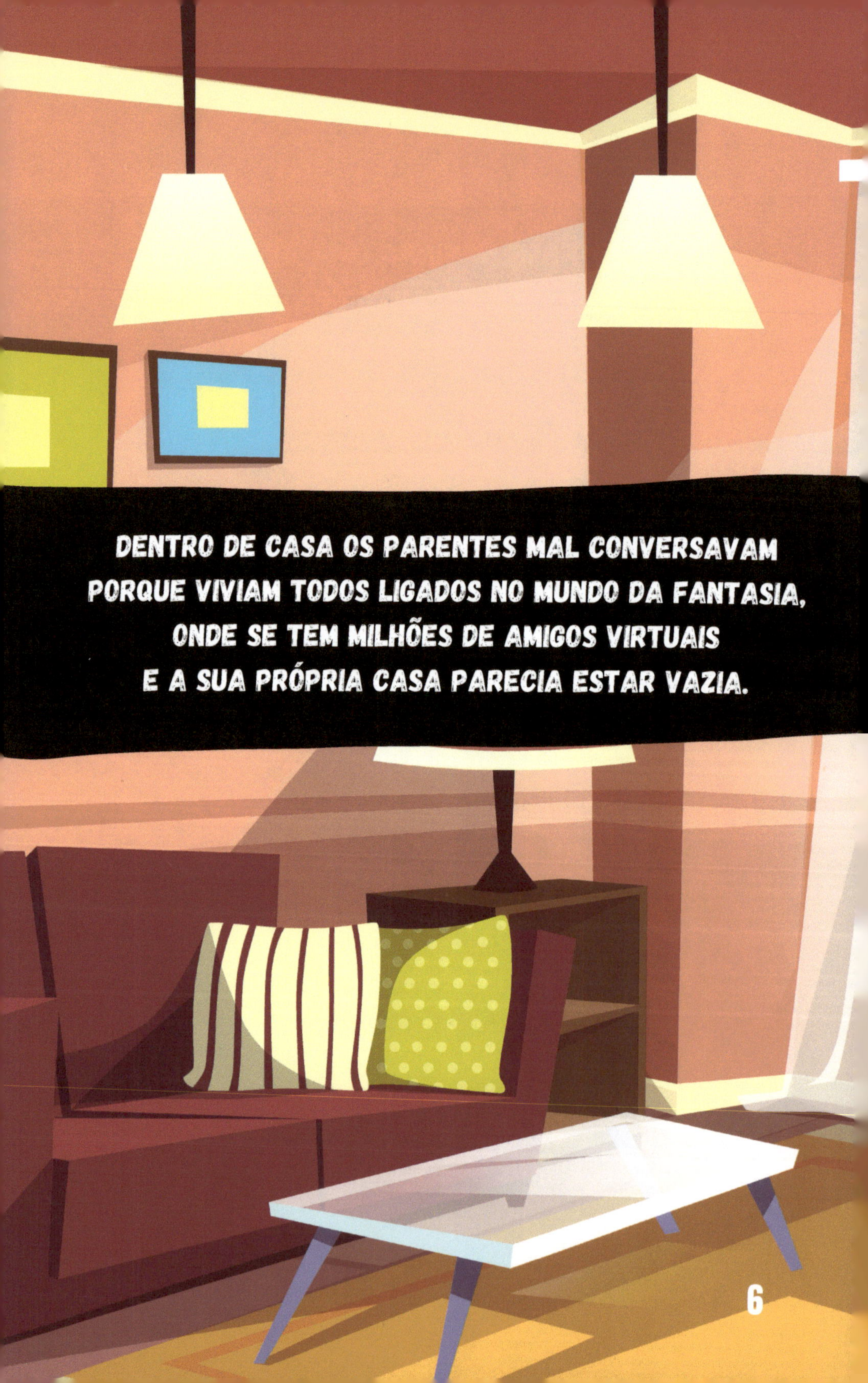

DENTRO DE CASA OS PARENTES MAL CONVERSAVAM
PORQUE VIVIAM TODOS LIGADOS NO MUNDO DA FANTASIA,
ONDE SE TEM MILHÕES DE AMIGOS VIRTUAIS
E A SUA PRÓPRIA CASA PARECIA ESTAR VAZIA.

QUANDO A INTERNET CAIA, A TIA SE ABORRECIA
E A AVÓ COM UM SORRISO NO ROSTO DIZIA:
– VAI ARRUMAR ESSA CASA QUE ESTÁ UMA BAGUNÇA
ELA FICAVA POR ALI ENROLANDO E NADA FAZIA.

A VIDA NESTA FAMÍLIA CONECTADA
ESTAVA FICANDO CADA DIA MAIS ATRAPALHADA,
POIS, A MAIORIA ESTAVA CIBERVICIADA.

NESTA FAMÍLIA TINHA UM PAI QUE TRABALHAVA
O DIA INTEIRO FORA PASSAVA, TARDE EM CASA CHEGAVA
TODOS QUE VIVIAM EM SUA CASA SUSTENTAVA
E A NOITE NAS REDES SOCIAIS ELE TAMBÉM ENTRAVA.

A AVÓ ENTÃO FALOU:
– NÃO CONDENO A INTERNET, ELA JÁ FAZ PARTE DA NOSSA REALIDADE
MAS É PRECISO USÁ – LA COM RESPONSABILIDADE
ÀS VEZES CRIANÇAS MUITO PEQUENAS JÁ TEM TABLET
E OS PAIS NEM SABEM QUAL APLICATIVO ESTÃO USANDO NA VERDADE.

LIVE

OS INTERNAUTAS DESTA FAMÍLIA VIVIAM NO MUNDO VIRTUAL
TINHAM CENTENAS DE SEGUIDORES NO FACEBOOK E INSTAGRAN
ELES VALORIZAVAM VISUALIZAÇÕES, LIKES, CURTIDAS...
MAS, EM CASA NÃO TINHAM NENHUM FÃ.

O DIÁLOGO, O COMPANHEIRISMO E A AFETIVIDADE FORAM ESFRIANDO COM O PASSAR DO TEMPO ELES ESTAVAM NO MUNDO DOS CIBERVICIADOS E FICAVAM DIVERSAS HORAS CONECTADOS.

ENTRE OS IRMÃOS NÃO EXISTIA MAIS CONVERSAÇÃO
QUANDO NÃO ESTAVAM NO CELULAR, ESTAVAM NA TELEVISÃO
A AVÓ DIZIA: – ISSO É DE CORTAR O CORAÇÃO...
SE UMA PROVIDÊNCIA NÃO TOMAR VÃO ESTRAGAR A VISÃO!

COM O PASSAR DO TEMPO, O PAI PASSOU A OBSERVAR
QUE TODOS OS FAMILIARES TINHAM QUE DOSAR,
PARA QUE A BOA CONVIVÊNCIA VOLTASSE A REINAR EM SEU LAR!

NESTA FAMÍLIA TINHA UMA CRIANÇA
QUE CANTAVA, PULAVA, BRINCAVA
SUAS ATITUDES ERAM CHEIAS DE ESPERANÇAS!

MAS, ESTA CRIANÇA TAMBÉM POR MUITAS HORAS
EM TELAS FICAVA, A FAMÍLIA NEGLIGENCIAVA
COM A MENTE CONFUSA E BLOQUEADA
NA ESCOLA SEU RENDIMENTO BAIXO ESTAVA.

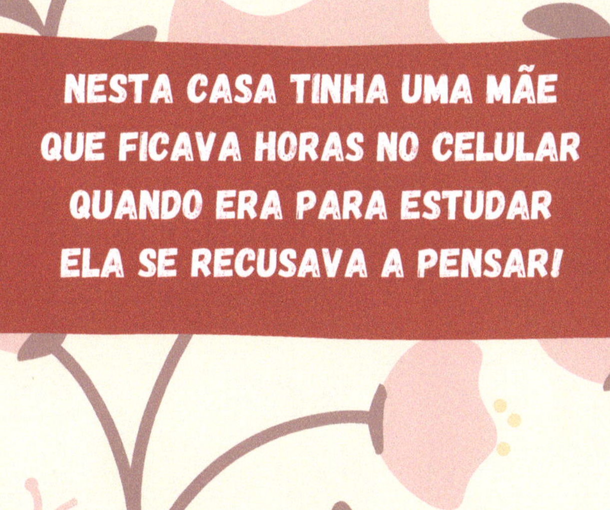

NESTA CASA TINHA UMA MÃE
QUE FICAVA HORAS NO CELULAR
QUANDO ERA PARA ESTUDAR
ELA SE RECUSAVA A PENSAR!

PASSARAM-SE ALGUNS MESES
E O ROTEADOR DA INTERNET QUEBROU
O ESTRESSE NESSA CASA SE INSTALOU
POR ALGUNS DIAS, SEM INTERNET ESSE POVO FICOU.

ELES PARARAM PARA DIALOGAR
PERCEBERAM QUE TINHAM QUE DOSAR
E NÃO DEIXAR O VÍCIO A VIDA DOMINAR
CHEGARAM A UM CONSENSO QUE PRECISAVAM MELHORAR!

A TIA COMEÇOU A CASA ARRUMAR
O ADOLESCENTE COM SEUS PARENTES VOLTOU A CONVERSAR
COM OS FILHOS, O PAI VOLTOU A BRINCAR
DEVIDO ALGUMAS MUDANÇAS A CASA VIROU UM LAR!

A família conectada

CLAUDIANEIDE GUERRA

Sou pedagoga, pós graduada em educação, mestra. Atualmente trabalho no ensino fundamental 1 na rede pública. Contar histórias aos meus alunos é o que mais me inspira a escrever, observar o semblante das crianças na hora da contação de história é um momento ímpar para um professor.

LAYZA GUERRA

Sou ilustradora autodidata, graduada em Ciências e tecnologia e atualmente trabalho na área de desenvolvimento de softwares. Sempre apreciei o uso de artes digitais e visuais, e foi o que despertou meu interesse por ilustrações.